ALFRED SAUREL

RAOLIN

ou

APERÇU HISTORIQUE

sur la

RÉPUBLIQUE MARSEILLAISE

AU XIIIe SIÈCLE

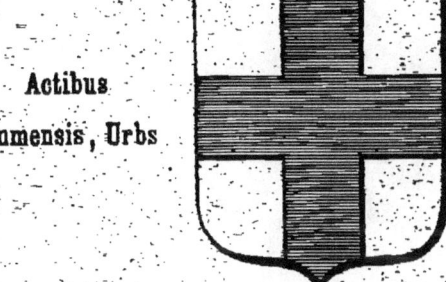

Actibus
Immensis, Urbs

Fulget
Massiliensis

PRIX : 1 FRANC

(Cette brochure est vendue au profit des Ouvriers Marseillais sans ouvrage)

MARSEILLE
IMPRIMERIE COMMERCIALE A. THOMAS ET Cie
11, Rue de la Paix, 11

1877

RAOLIN

OU

APERÇU HISTORIQUE

SUR LA

RÉPUBLIQUE MARSEILLAISE

ALFRED SAUREL

RAOLIN

OU

APERÇU HISTORIQUE

SUR LA

RÉPUBLIQUE MARSEILLAISE

AU XIIIe SIÈCLE

Actibus
Immensis, Urbs

Fulget
Massiliensis

PRIX : 1 FRANC

(Cette brochure est vendue au profit des Ouvriers Marseillais sans ouvrage)

MARSEILLE

IMPRIMERIE COMMERCIALE A. THOMAS ET Cie
11, Rue de la Paix, 11

1877

COURTE PRÉFACE

Notre intention était d'écrire une *Etude sur la République marseillaise au XIII*[e] *siècle,* immédiatement après la publication de notre *Dictionnaire des Villes, Villages et Hameaux du département des Bouches-du-Rhône.*

Les circonstances nous ont en quelque sorte forcé à déflorer le sujet, mais nous nous réservons de le reprendre et de le traiter à fond, quand le moment nous paraîtra opportun.

A. S.

I

RAPPORT SUR UN PROJET DE CAVALCADE

*Lu en Séance publique,
devant les membres de la Commission d'initiative,
le 25 Février 1877.*

Messieurs,

Conformément au désir exprimé, le 18 du courant, par la Commission d'initiative des Fêtes de Charité à organiser dans un but philanthropique, et dont le programme comprend une Cavalcade, le Comité d'Histoire, (composé de MM. L. Bérard fils; J. Eyglier; F. Laugier; Letz; V. Lieutaud; A. Magaud; P. Sapy; et A. Saurel) s'est réuni mardi, 20 février, sous la présidence du maître si estimé, M. A. Magaud, directeur de l'école des Beaux-Arts de Marseille.

L'objet de cette réunion était déterminé d'avance; nous devions choisir dans les chroniques marseillaises un sujet qui, mis en scène dans nos rues et sur nos places publiques, pût attirer dans nos murs un grand nombre d'étrangers, piquer l'émulation de nos concitoyens et, finalement, se traduire en une quête abondante au bénéfice des ouvriers marseillais atteints par le chômage.

Le Comité d'Histoire, au nom duquel je parle en ce moment, n'a pas à dissimuler, Messieurs, que les membres qui le composent étaient presque tous, en principe, opposés à l'idée d'une Cavalcade.

Et c'est justement parce qu'ils s'occupent volontiers d'histoire et parfois même de statistique, que tout d'abord s'est présentée à leur esprit l'énorme difficulté non pas de faire une Cavalcade, mais d'organiser cette Cavalcade de façon à la rendre vraiment digne d'une ville aussi importante que Marseille.

Ce n'est pas tout que de choisir un sujet dont le souvenir flatte l'orgueil légitime d'une population, cela est la moindre des choses ; la difficulté est de trouver des personnes qui veuillent concourir gratuitement à remplir les rôles des héros mis en scène, faire des dépenses très-considérables de costumes et surexciter par là chez les autres l'esprit de dévoûment personnel et pécuniaire sans lequel les plus beaux projets demeurent irréalisables.

Les membres de la Commission d'Histoire ont donc été effrayés tout d'abord à la vue du chiffre des dépenses qu'entraînent des fêtes dans le genre de celles qui attirèrent tant de curieux à Marseille, en 1858 et en 1868. Pour ne parler que des Fêtes de Charité de 1868, disons qu'avant d'avoir fait un sou de recette, le Comité d'organisation avait déjà déboursé la somme de 59.000 fr., ce qui nous donne le droit de supposer que les dépenses préalables ont dû être sinon avancées du moins garanties par ce Comité d'organisation.

Cependant, Messieurs, et bien que dans la réunion préparatoire du 18 février courant, les membres du Comité d'Histoire aient presque tous voté contre le projet de Cavalcade, ils ont accepté avec plaisir la mission de rechercher un fait historique local, digne d'être représenté en plein soleil. Ils désirent de tout leur cœur que les partisans de la Cavalcade aient raison contre eux et que les Fêtes de Charité projetées dépassent de beaucoup en éclat, en splendeur, pour tout dire en un mot, en succès, celles qui eurent lieu en 1858 et en 1868, et dans ce cas ils seront fiers d'avoir contribué pour leur faible part à la grande manifestation philanthropique que vous poursuivez, Messieurs, sans vous laisser intimider par les entraves que l'on cherche à vous faire entrevoir.

Les faits locaux à rappeler et à mettre en scène sont nombreux et c'est, Messieurs, en toute sincérité que nous pouvons affirmer que nous n'avons eu que l'embarras du choix. Aussi, pour prouver que ceci est l'expression de la vérité, nous n'aurons en quelque sorte qu'à faire défiler sous vos yeux les principaux épisodes que l'on pourrait représenter avec succès et dont l'idée s'est naturellement offerte à notre esprit.

Mais tout d'abord, nous tenons à vous dire que, à l'unanimité, le Comité d'Histoire a rejeté le sujet de l'entrée de la reine Jeanne à Marseille.

Aussi bien que ses ascendants et que ses descendants, la reine Jeanne a, durant la plus grande partie de son existence, guerroyé en Italie pour reconquérir ou conserver le trône de Naples. Or, dans les guerres de dynastie, les nations n'ont rien à gagner ; le sang qu'elles font répandre n'est finalement profitable qu'à une famille, quand cette famille a l'habileté de garder ses conquêtes.

Et, pour nous renfermer strictement dans notre sujet, disons que Jeanne, quoique, au fond, elle ait valu beaucoup mieux qu'on ne le répète partout, a coûté tant d'argent et d'hommes à la Provence et à Marseille en particulier, qu'il nous paraît inutile de l'exalter outre mesure. Quand elle vint à Marseille pour la première fois, Jeanne était chassée de Naples. Marseille la traita magnifiquement, il est vrai ; on chercha à lui faire oublier ses malheurs ; mais, dans le fait, ce n'était qu'une fugitive. Or, nous ne sachons pas que les peuples aient l'habitude de recevoir les fugitifs comme des triomphateurs.

Doutant peut-être un peu trop de l'adhésion de ceux de nos concitoyens que leur fortune désignerait comme acteurs principaux de la fête, quelques membres ont proposé une Cavalcade sans caractère unique. Les cercles, les sociétés de secours mutuels, les corps de métiers seraient invités à agir isolément pour former l'ensemble désiré. Ces membres croient que l'initiative privée déterminerait l'éclosion d'un grand nombre d'adhésions effectives et que, ainsi divisée par fractions, la Cavalcade aurait un caractère original et intéressant, tout en réunissant un personnel nombreux. Ils pensent aussi que des chars emblématiques pourraient ainsi être construits et former ce que nous appellerons volontiers les pièces monumentales de la Cavalcade.

D'autres membres ont proposé un retour de chasse royale avec le cortége bariolé de veneurs, de dames, de piqueurs, de chiens, de cors de chasse, de chevaux, de valets, etc.

Ces deux premiers projets seraient facilement exécutables.

On pourrait faire mieux cependant.

En jetant un coup d'œil dans nos chroniques, nous voyons, parmi les entrées de souverains entraînant avec elles les beaux costumes, les armes de guerre, les bannières, les chevaux caparaçonnés, les pages mignons, les gentes damoiselles souriant aux seigneurs du haut de leurs blanches haquenées, l'entrée de Charles IX à Marseille, le 6 novembre 1564.

Le programme de la fête serait facile à dresser.

Le roi voyage avec sa mère Catherine de Médicis, son frère le duc d'Anjou, Henri de Bourbon, prince de Béarn et une grande suite de seigneurs. Charles est conduit au Champ-de-Mars de la plaine St-Michel, et s'assied sur un trône magnifique, toutes les corporations de la ville et les corps de métier étant présents. Le gouverneur et les consuls offrent au roi les hommages et les vœux des Marseillais, puis l'assesseur, Pierre de Vento, le harangue. La jeune fille du premier consul lui présente les clés de la ville et lui récite des vers. Avant d'entrer dans la ville, par la porte Réale où l'on a dressé un arc de triomphe, le roi prête serment de ne porter aucune atteinte aux priviléges et aux franchises de Marseille. Pendant huit jours, la ville entière est en liesse et la population se précipite sans cesse à la rencontre du roi à chacune de ses sorties ou de ses promenades.

Le sujet serait attrayant, mais il nous paru que le nom de Charles IX éveillerait peut-être dans quelques esprits le souvenir des événements de la Saint-Barthélemy. Le comité ne pouvait donc songer à proposer ce sujet sérieusement.

Une autre entrée de souverain dont la sombre et triste figure se profile derrière l'ombre rigide et vindicative de Richelieu, est celle du roi Louis XIII, le 7 novembre 1622.

Ecoutez le résumé des fêtes qui furent données au fils du Béarnais.

Riche amphithéâtre à la plaine Saint-Michel. Plusieurs centaines d'enfants uniformément habillés se rendent sur cette colline, suivis d'un cortége pompeux. La milice ouvre la marche, mais les soldats sont habillés en sauvages, en américains, en indiens, en turcs; s'avancent ensuite le viguier, les consuls, l'assesseur, puis tous les corps de métier. Feux de mousqueterie, harangues, etc. Le roi se dirige vers la porte Réale, accompagné de sa cour. Boniface de Cabannes lui offre les clés de la ville, mais avant de les lui laisser toucher, il lui fait jurer le maintien des franchises municipales. Le roi entre dans la ville, placé sous un dais. A la porte des Augustins, théâtre décoré avec richesse; jardin rempli d'oiseaux ; bergers et nymphes saluant le monarque. Arc de triomphe à la place Neuve; à la Loge, autre arc de triomphe splendide. Promenades en ville. Partie de pêche à Morgiou, organisée par les prud'hommes pêcheurs. Le 10 novembre, les consuls offrent au roi trois chevaux harnachés aux couleurs de Marseille et l'accompagnent à sa sortie de la ville.

Voilà bien des éléments de succès pour une fête populaire; on peut trouver autre chose cependant; aussi la Commission ne s'est-elle pas arrêtée longtemps à ce projet.

Mais voici une autre entrée de souverain qu'elle ne serait pas éloignée de choisir, si la vue d'un cortége royal, d'une cour, de seigneurs de tout genre et de manteaux semés de fleurs de lis pouvait, suivant nos désirs, être acceptée sans arrière-pensée par la population, comme on accepte les faits historiques acquis et vieux de plusieurs siècles, et dont on ne peut par conséquent vouloir dénaturer l'esprit et le caractère.

Il s'agirait de l'entrée à Marseille de Robert, comte de Provence, le 22 mai 1319.

Les républicains mêmes... (nous voulons parler ici des citoyens de la République des Lettres).., les républicains ont admiré et admirent encore ce personnage. Robert fut grand ami des sciences et des arts : aussi passa-t-il, à bon droit, pour un des hommes les plus savants de l'Europe. L'histoire le place parmi les membres du Conseil qui fut chargé d'examiner les titres de Pétrarque au triomphe qu'on voulait lui décerner.

Nous pourrions donc promener la personnalité de Robert dans nos rues sans offenser personne, à la condition, toutefois, d'oublier que, atteint de cette maladie héréditaire qu'on nomme l'envie des conquêtes, Robert, comme son aïeul Charles Ier et son père Charles II, guerroya la plus grande partie de sa vie.

Une autre entrée de souverain que l'on pourrait imiter serait celle de Charles II, lequel fut le père de ce même Robert dont il vient d'être question. Charles II a laissé de bons souvenirs, car il ne perdit aucune occasion d'être agréable aux Marseillais auxquels le liait la plus grande reconnaissance. Et si quelque amateur passionné d'histoire et de couleur locale fait remarquer que Charles II était boîteux, nous lui répondrons que ce personnage devant toujours se montrer à cheval, personne ne se douterait de son infirmité.

Laissons entrevoir une partie du programme.

Charles II fait son entrée à Marseille, le 2 décembre 1288, au milieu de l'enthousiasme populaire; mais avant de lui prêter le serment d'obéissance et de fidélité qu'ils lui devaient, les Marseillais exigèrent qu'il jurât d'observer toutes les conventions passées avec son père.

Ceci nous amène tout naturellement à parler d'un autre projet que le Comité d'Histoire recommande comme réalisable, et répondant aux idées de notre époque, surtout aux idées marseillaises. Il s'agit encore d'une entrée triomphale à Marseille, mais cette fois le personnage principal n'est ni un roi, ni une princesse nantis ou non-pourvus d'un trône; c'est, le dirai-je sans exciter votre surprise? l'entrée d'un simple marchand, d'un bourgeois marseillais.

Ne rions pas, Messieurs, car ce bourgeois c'est le représentant de Marseille, de Marseille ville libre, ville indépendante; c'est le plénipotentiaire de la République Marseillaise au XIIIe siècle.

Résumons les faits.

Marseille, depuis le mois d'avril 1212, suivant l'exemple des villes de Gênes, de Pise, de Venise, avait proclamé son indépendance, sans secousses, avec habileté, après avoir racheté à prix d'argent des derniers de ses vicomtes les quelques droits féodaux dont ceux-ci étaient encore possesseurs.

En 1216, Raymond-Bérenger IV, comte de Provence, par les mains de son oncle Dom Sanche, contracte un traité par lequel il s'engage à protéger et à défendre les Marseillais.

En peu d'années, Marseille fait des alliances ou des traités de commerce avec Hugues, comte d'Empurias, en Catalogne (1217), avec Nice (1219), avec les seigneurs d'Hyères (1223), avec la ville d'Avignon (1225). avec Raymond des Baux (1226), enfin avec Jacques 1er, roi d'Aragon (1229).

Mais Raymond-Bérenger IV, comte de Provence. se ravise ; il prétend revenir sur le traité qu'il a fait avec la République Marseillaise. Marseille tient bon et fait alliance avec Raymond VII, comte de Toulouse, ennemi personnel du comte de Provence.

En vain celui-ci envoie contre Marseille ses flottes et ses troupes de terre; les Marseillais battent les flottes de Raymond-Bérenger dans leur propre golfe et repoussent ses soldats loin de leurs remparts. Finalement, le Comte de Provence est contraint de conclure la paix avec la République Marseillaise, en reconnaissant son indépendance.

Et sait-on quel est le citoyen marseillais qui dicta ses lois au Comte et apposa le sceau de la ville républicaine à côté de celui du Comte ? Ce fut Raoul d'Aix, qu'une charte de 1243 nomme *Raolinus d'Aquis*, que deux autres pièces authentiques appellent Raolinus, draperius, syndic de l'Université Marseillaise, mais que nous continuerons à nommer *Raolin*, comme Ruffi et les autres historiens marseillais.

Ce syndic Raolin était un personnage important. La délégation qu'il reçoit pour traiter avec Raymond-Bérenger IV, en 1243; le mandat qu'il accepte encore en 1257 pour signer avec Charles Ier d'Anjou, les fameux Chapitres de paix, tout prouve que c'était un homme supérieur.

Nous ne nous contenterions pas de fêter le retour de Raolin seul. Avec le syndic, nous ferions entrer, pour sceller le pacte, Raymond-Bérenger IV, comte de Provence, naguère ennemi de Marseille, et Raymond VII, comte de Toulouse, allié de la République, avec leur double suite de guerriers et de seigneurs.

Ce fait de la consécration de l'indépendance municipale de Marseille et de sa prépondérance commerciale et maritime, ces défaites sur terre et sur mer des armes de Raymond-Bérenger, ce retour de Raolin avec les Comtes de Provence et de Toulouse, au milieu de l'allégresse universelle, sa réception par le Podestat, les Conseillers et tous les Corps d'état et de métier de Marseille, c'est plus qu'il n'en faut pour remplir un cadre de fêtes et de cavalcades ; il ne serait pas malaisé d'en dresser la mise en scène ; et au-dessus de la foule qui remplirait nos rues, nous ferions flotter les étendards de Marseille portant ces mots qui ne rappellent que des souvenirs patriotiques :

ACTIBUS IMMENSIS URBS FULGET MASSILIENSIS,

Admirable devise que l'on peut traduire par ce distique :

> Par ses vastes travaux et ses actes divers
> La ville de Marseille éblouit l'univers.

Ce qui vient d'être dit est puisé aux sources purement historiques. Mais si l'histoire paraissait trop aride, voici un autre sujet où la fable coudoie la réalité, où la légende se greffe sur l'histoire, où l'on pourrait, par conséquent, mêler toutes les réjouissances, tous les jeux, tous les exercices du corps, luttes, joutes et carrousels... où tout serait permis excepté l'exhibition des fusils et les détonations de canons. Il s'agirait, non pas de la fondation de Marseille par les Phocéens, mais bien de *l'arrivée des Phocéens à Massalia*.

Déroulons le canevas.

Les Phéniciens occupent depuis des siècles les points les plus favorables de la côte Celto-Lygienne. Massalia existe déjà, car ce sont eux qui l'ont fondée ; ils y ont des entrepôts pour leurs marchandises ; ils y ont un temple dédié à Baal.

Mais les Grecs asiatiques envoient successivement des navires pour combattre les Phéniciens-Carthaginois, les chasser de leurs possessions et s'implanter à leur place. Leur persistance est couronnée de succès.

Conduits par une femme, la noble Aristarché, qui emporte avec elle une statue de Diane d'Ephèse, les enfants de Phocée délogent les Phéniciens de Massalia, jettent leurs dieux à la voirie, (ces mêmes dieux qui, retrouvés un beau jour sous le sol de la rue Négrel, ornent aujourd'hui le Château - Borély), et deviennent enfin les maîtres de la Bourgade et du Lacydon.

L'un de leurs chefs, Protos, Protis, Simos, Euxène, peu importe le nom, va trouver Nann ou Nannus, un roi du voisinage, qui peut demeurer aussi bien à *Mar-*

seilleveire qu'à l'*Esteou*, dont on a fait l'Etoile, et épouse sa fille Gyptis ou Petta ou Aristoxène, peu importe encore le nom.

Ce cadre, Messieurs, peut être indéfiniment élargi. Si ce projet était adopté de préférence aux autres, on pourrait faire mouvoir des milliers d'acteurs, et la place ne manquerait ni pour les combats sur l'eau, ni pour les jeux sur terre.

Résumons, Messieurs.

Le Comité d'Histoire propose trois sujets de caractères différents :

1· L'arrivée des Phocéens à Marseille, vers l'an 600 avant l'ère chrétienne ;

2· L'entrée du roi Robert, en 1319 ;

3· Le retour de Raolin, ambassadeur de la République marseillaise, de Raymond-Bérenger IV, comte de Provence, et de Raymond VII, comte de Toulouse, venant de signer la paix à Tarascon, en 1243.

C'est à vous, Messieurs, qu'il appartient de choisir le sujet qui semblera le plus propre à piquer la curiosité des étrangers et l'émulation de nos concitoyens.

Le Comité d'Histoire n'exercera pas la plus légère pression. Si ses bons offices peuvent être encore utilisés, vous trouverez chez tous les membres qui le composent, le désir le plus ardent de concourir à une bonne œuvre qui aura certainement pour effet d'amener entre tous les habitants de Marseille, cet esprit de concorde et de solidarité qui contribue tant à la prospérité des Villes et fait la force des Etats.

Le Rapporteur,
Alfred Saurel.

23 février 1877.

Après la lecture de ce rapport, la Commission d'initiative consultée par M. Desservy, premier adjoint au maire, président, a adopté à l'unanimité pour sujet de la Cavalcade : l'*Entrée à Marseille de Raolin, ambassadeur de l'Université Marseillaise, de Raymond-Bérenger IV, comte de Provence, et de Raymond VII, comte de Toulouse, venant de signer la paix à Tarascon, en* 1243.

Le Comité d'Histoire est prié de dresser un programme des fêtes et la liste des personnages devant composer la Cavalcade.

II

APERÇU HISTORIQUE [1]

Les affaires du commerce extérieur ne faisaient point oublier aux négociants marseillais celles de leur indépendance municipale. Sous les derniers vicomtes, auxquels était échue la puissance féodale dans l'ancienne ville grecque, les habitants avaient repris des idées d'initiative et d'indépendance, et ils étaient parvenus, avec beaucoup d'esprit de vérité, à unir les intérêts et à agir collectivement. L'exemple des villes de Gênes, de Pise, de Venise était continuellement sous leurs yeux et ils ne tentèrent pas vainement de l'imiter.

Ils s'affranchissent définitivement de la suprématie de la vicomté et formulent un *ghilde* au mois d'avril 1212.

En 1214, rassurée du côté de l'Italie par des traités de paix et de commerce avec Gaëte (1208) et Pise (1210) *l'Université* marseillaise qui possédait presque en entier, à titre souverain, la ville vice-comtale, obtient de Hugues des Baux la cession de la portion de la vicomté qui lui appartenait encore.

Il ne restait plus qu'à faire consentir Gérard-Adhémar. Celui-ci, résistant aux propositions amicales, est chassé de Marseille avec sa femme Mabile ; réduit à l'extrémité de demeurer en exil, il consent à vendre ses droits, moyennant 5,000 sous royaux couronnés et une pension de 100 livres par an.

Le mode de gouvernement que la République mar-

---

[1] Ce précis est en grande partie emprunté à notre *Dictionnaire des villes, villages et hameaux du département des Bouches-du-Rhône, tome* Ier, *verbo,* Marseille.

seillaise s'était donné, fut accepté au dehors et personne alors ne songea à venir en troubler la paix.

Dom Sanche, exerçant le pouvoir au nom de son neveu Raymond-Bérenger, comte de Provence, contracte un traité par lequel il s'engage à protéger et à défendre les Marseillais (1216). L'année suivante, la République marseillaise fait alliance avec Hugues, comte d'Empurias en Catalogne. En 1219, elle signe avec Nice un traité de commerce.

Marseille témoigne de sa puissance autant que de son indépendance par d'autres actes ou traités d'une importance plus ou moins considérable. En 1219, elle signe une transaction avec l'évêque et les chanoines de la Major; en 1221 et 1223, elle passe des actes du même genre avec les seigneurs d'Hyères et de Brégançon; en 1225, elle resserre avec la ville d'Avignon les liens d'amitié existant précédemment; en 1226, elle achète à Raymond des Baux la seigneurie de Roquevaire; enfin elle obtient de l'empereur d'Allemagne, Frédéric II, qui affichait des prétentions à la suzeraineté de la Provence, la faveur de battre monnaie d'or.

Tout n'est pas là. En 1228, Marseille rédige son tarif des droits de douanes; en 1229, elle envoie des vaisseaux armés au secours de Jacques Ier, roi d'Aragon, occupé à chasser les Maures des îles Baléares et obtient de ce prince, en retour, le don de trois cents maisons de ville, d'une église et de sept maisons de campagne dans l'île de Mayorque.

Dès ce moment, l'Université marseillaise peut se livrer aux opérations commerciales les plus fructueuses dans toute la Méditerranée.

Cependant, le comte de Provence manifestait des regrets des concessions qu'il avait faites autrefois et essayait de reprendre l'autorité qu'il avait volontairement abandonnée.

Se voyant menacée dans son indépendance, l'Université marseillaise se tourne du côté du jeune Raymond VII, comte de Toulouse, qui venait d'être investi du comté de Forcalquier, et déclare le reconnaître comme seigneur, sa vie durant et à l'exclusion de ses successeurs. Cet acte était plutôt un traité de commerce et un défi à l'adresse du comte de Provence qu'un acte de subordination, car la Ville conservait ses tarifs de commerce, ses magistrats et le droit de ne recevoir dans ses murs que les forces qu'elle voudrait y admettre. En retour, le prince accordait aux citoyens de Marseille la faculté d'aller dans ses terres, d'y séjourner, d'y négocier, et d'en sortir à leur gré (1235).

Couverte au nord de son territoire par ses alliés et ses propres troupes, défendue sur mer par ses galères, l'Université continue à s'occuper de son négoce.

Des traités de commerce conclus avec Jean, seigneur de Beyrouth, et Henri, roi de Chypre (1236), lui sont très-avantageux. Les armements dans son port ne cessent de se multiplier et des expéditions maritimes de se succéder sans interruption.

En 1239, Thibault, roi de Navarre et comte de Champagne, les ducs de Bourgogne et de Bretagne, les comtes de Bar, de Mâcon et de Nevers vinrent s'embarquer à Marseille. Le mouvement des Croisades qui continuait à l'enrichir, allait même reprendre une force nouvelle, pendant les deux expéditions de Louis IX (1247 et 1270).

Dans l'intervalle, Raymond-Bérenger IV, plus jaloux que jamais de la perte de ce qu'il appelait ses droits et prétendant remettre Marseille sous sa domination, se porta sur la ville avec ses troupes et en forma le siège (1237). Les Marseillais ne manquèrent pas d'appeler à leur secours le comte de Toulouse, qui accourut pour les défendre.

Après une guerre de six ans, Raymond-Bérenger se vit contraint de conclure la paix dont les conditions furent réglées à Tarascon, en 1243, la Ville de Marseille étant représentée en cette circonstance par Raoul ou Raolin d'Aix, drapier, l'un de ses syndics. La seule obligation acceptée par Marseille fut de reconnaître le comte de Provence pour suzerain, ayant seulement le droit de chevauchée ou de cavalcade et celui d'avoir la monnaie marseillaise frappée à son coin.

Malgré ces abandons, la Ville-Basse ne restait pas moins souveraine, comme elle avait le droit de l'être, d'après les cessions des anciens vicomtes. Son indépendance fut reconnue par le comte de Provence, et ce contrat de paix peut être considéré comme un traité de commerce et de navigation, plutôt que comme une convention politique.

Voici, d'ailleurs, ce que dit à ce propos Ruffi, le grand historien marseillais :

« Par les articles de paix que nous avons rapportés ci-dessus, on voit clairement avec quelle grandeur de courage les Marseillais s'étaient défendus, et qu'au lieu d'être réduits à l'extrémité, ils avaient fait des courses dans les terres du Comte, brûlé ses châteaux, emporté ses meubles, en telle sorte que l'agresseur était plus las que les assiégés. »

Nous donnons ci-après des extraits authentiques d'actes déposés à l'Hôtel-de-Ville de Marseille. Les originaux sont en latin (1); la traduction que nous en donnons est presque littérale.

N° 1. *Raolin nommé ambassadeur par la commune de Marseille.*

« Au nom du Seigneur. L'année de son incarnation mccxliii, indiction première, ides de juin, qu'il soit connu de tous, présents et à venir, que tout le Conseil Général, tant des chefs de métiers que des autres conseillers de la cité de Marseille, assemblé au son de la cloche, à la façon accoutumée, établit et constitue son syndic stable et spécial Raolin, drapier, citoyen de Marseille, pour faire la paix entre le seigneur comte de Provence et la cité ou commune de Marseille, s'engageant à ratifier et à tenir pour ferme tout ce qui aura été convenu ou fait avec ledit syndic au sujet de ce traité de paix et de n'y faire opposition dans aucun temps. Fait dans le palais de la commune de Marseille, en présence et sous le témoignage de *Raimond Bonioux*, notaire; de *Guillaume Bascoul*, notaire; de maître *Guillaume de Lunel*; de *B. Botin*, avocat; de *Raimbaud*, cirier; et de moi, *Rostang Payn*, notaire public de Marseille, qui, sur l'ordre de tout le Conseil Général, ai écrit ceci et y ai apposé ma signature, et pour la plus grande authenticité et sûreté de l'affaire et afin que personne ne puisse avoir de doutes sur les matières qu'il contient, ai corroboré le présent acte, sur l'ordre de tout le Conseil Général, en y apposant le sceau de la commune de Marseille. »

---

(1) Ils ont été copiés par M. Eyglier, attaché aux Archives de la Ville.

N° 2. *Traité de paix entre Raolin, ambassadeur de Marseille, et Raymond-Bérenger, comte de Provence.*

« Au nom de la sainte et indivisible Trinité. L'an de l'incarnation du Verbe MCCXLIII, indiction première, des calendes de juillet, qu'il soit connu de tous présents et à venir que, comme depuis des temps très-éloignés, la discorde s'était élevée et une très-grande guerre était survenue entre le seigneur Raymond-Bérenger, par la grâce de Dieu, comte et marquis de Provence et comte de Forcalquier, d'une part, et la cité de Marseille, ville vice-comtale et les habitants de cette cité, de l'autre part, à l'occasion de la suprématie et du domaine et des droits et des autres choses appartenant audit seigneur, lequel, laquelle et lesquelles ledit seigneur disait avoir dans la susdite cité, à l'occasion desquels la guerre et la discorde depuis longtemps de part et d'autre ont causé des maux nombreux et une infinité de dommages aux personnes et aux choses. Enfin, pour que cette discorde prit fin, que toute guerre et que toute cause de discussion fut entièrement tranchée, ledit seigneur Comte, pour lui et ses successeurs en général et en particulier, et Raolin, drapier, citoyen et syndic de l'université de la dite cité, dans le but d'établir la paix et la concorde entre ledit seigneur Comte et ladite Université ou cité, le syndic spécialement constitué pour lui et ladite Université de Marseille et pour tous et pour chaque individu de ladite Université firent une paix pour toujours et un arrangement amiable, ayant au préalable tenu conseil et fait le traité, dans la forme ci-dessous mentionnée... (*Suivent les articles du traité.*)

. . . .

« La paix décrite plus haut et tout ce qui a été dit ci-dessus, par une convention mutuelle, solennellement établie, ledit seigneur Comte et ledit syndic, au nom de ladite Université et communauté et agissant pour elle, ont accepté et approuvé et promis d'exécuter, d'observer et de remplir, et de n'y contrevenir en rien par des subtilités de droit ou de fait, en droit ou en dehors du droit, par eux-mêmes ou par leurs intermédiaires, renonçant, en tout ce qui est de droit écrit ou non écrit et commun, pour ce que ou pour ce qui est dit plus haut ou quelque chose de ce qu'ils pourraient contredire ou infirmer ou révoquer en droit ou sans droit. Et pour la plus grande confirmation de chacune des choses dites plus haut, et pour ne pas les atténuer, pour les observer d'une façon inviolable et ne les contester en rien, tant ledit seigneur Comte que ledit syndic, au nom de ladite Université ou commune de Marseille et pour elle-même, ont prêté serment, la main appuyée sur les saints Evangiles.

« Et avec ledit seigneur comte ont juré : *Romée de Villeneuve, Albeta de Tarascon*, et de même avec le syndic ont prêté serment : *G. Vivaud le jeune, Raymond Rainouard, P. Hebrard, R. de Pierre*, chefs de métiers. Mais pour la plus grande authenticité de l'affaire, ledit comte a fait sceller la présente charte de son propre sceau, aussi bien que ledit syndic l'a fait sceller du sceau de la commune de Marseille.

« Les actes mentionnés plus haut ont été dressés dans la ville forte de Tarascon, dans la maison de Sainte-Marthe, dans un petit pré, en présence des témoins : *F.*, évêque de *Riez*, *Zoem*, évêque nommé d'*Avignon, Gaucelme de Tarascon*, homme de loi, *Rostang Reboul, Jean Blanc*, hommes de loi, *Bertrand de Pavie*, notaire public de Marseille, et de *Raymond*, secrétaire et notaire dudit seigneur comte de Provence qui ai été mêlé à tout ce qui a été dit et qui par ordre de l'une et de l'autre partie, ai rédigé cet acte et y ai apposé ma signature. »

Le syndic Raolin était un personnage important, avons-nous dit dans notre rapport ; et à ce sujet, nous croyons utile de donner un extrait des *Chapitres de Paix* auxquels nous ferons tout à l'heure allusion.

« Au nom de Notre-seigneur Jésus-Christ. Amen. L'an de son incarnation mille deux cent cinquante sept, indiction XV et le dernier jour du mois de mars, sur les neuf heures, soit notoire à tous présents et à venir, que Simon Layhet, André de Portu, Bertrand de Bucco, Guillaume Correlly et Hugues Audouard, recteurs de la ville et communauté de Marseille, et le Conseil Général d'icille, tant conseillers que chefs de métiers, assemblés au son de la cloche, à la manière accoutumée, dans la salle verte du Palais de Marseille, où tous en général et chacun en particulier, ont unanimement, au nom de la dite ville vicomtale de Marseille, nommé et constitué Raolin, drapier, bourgeois de la dite ville, présent, soussigné, et la charge acceptant, syndic, agent, procureur de la communauté de Marseille, pour traiter la paix et passer tous actes, conventions, obligations, stipulations et conditions sur le fait de la donation et gouvernement de la dite ville vicomtale de Marseille et de ses droits comme il jugera bon être, avec illustre seigneur Charles, comte et marquis de Provence, comte d'Anjou et de Forcalquier, et illustre dame Béatrix, sa femme, comtesse et marquise de Provence, comtesse de Forcalquier, fille et héritière du seigneur Raymond-Bérenger, d'heureuse mémoire, comte et marquis de Provence, comte de Forcalquier, ainsi que de faire tout ce qu'il trouvera utile et nécessaire, touchant le traité de paix, pactes et conventions au regard de la donation et du traité de paix dont il s'agit, recevoir le serment du seigneur comte et de la dame comtesse sa femme, ainsi que d'agréer les promesses et les cautions sur les articles insérés dans lesdits actes de donation et de paix. »

Voici maintenant les chapitres *tout entiers* que des publicistes peu scrupuleux en fait d'histoire ont cités en partie pour jeter sur la mémoire de Raolin un blâme qu'il a été loin de mériter.

« XXIV. Briton, les frères Anselme, et Pierre Vetulus qui sont de grands séditieux, et qui ont mis la ville en état d'être perdue, en réduisant ses habitants à la dernière extrémité par des artifices malicieux, seront bannis à perpétuité de la ville, de son terroir et district, à trois lieues à la ronde ; ils ne pourront jamais être rétablis, et s'ils étaient trouvés dans la ville ou dans l'étendue des trois lieues qui l'entourent, ils seraient punis. *Guigues, frère de Briton*, sera exilé ainsi que l'ordonnera le seigneur comte.

« XXV. Le syndic Raolin, avec le consentement du seigneur comte, aura une des propriétés de Guigues, et cela pour payer les dettes d'icelui et avoir le montant de la dot octroyée à sa fille, femme Raolin. Il sera disposé à l'égard des enfants de Guigues, ainsi que le Conseil de la communauté et le viguier le trouveront à propos.

« Les cautions données par Briton pour le château

de Saint-Marcel sont absoutes et devront être laissées en repos. »

Au nom de l'histoire et uniquement dans le but de rendre hommage à la vérité, nous protestons contre ce qui a été dit par un petit journal marseillais que « dans cette affaire, l'ambassadeur drapier *ayant trop à penser à lui, devait plus spécialement travailler pour son compte.* »

Or, tout le monde sait que Charles d'Anjou fut féroce dans ses vengeances et que dès lors Raolin dût être bien habile pour sauver quelque chose des propriétés que le comte de Provence avait confisquées et voulait garder pour lui.

Lutter pied à pied avec l'homme dont les atrocités amenèrent les *Vêpres Siciliennes*, c'était faire preuve de patriotisme et de hardiesse, et loin de blâmer Raolin, il faut l'admirer d'avoir si bien réussi dans ses traités de paix.

Exalter Raolin c'est donc rendre hommage au patriotisme marseillais, c'est rappeler aux Marseillais une des plus belles pages de leur histoire municipale.

III

Pendant toute la durée de la République, la toute-puissance nationale, la véritable souveraineté résida dans l'Assemblée Générale du peuple, appelée *Parlamentum*, parlement. Tous les citoyens de la ville inférieure, ayant l'exercice de leurs droits civils, y étaient admis.

L'assentiment du Parlement était nécessaire dans toutes les affaires importantes. Lui seul pouvait faire la guerre ou la paix, conclure des traités de commerce et d'alliance, et ce n'est qu'après son approbation que les résolutions du Grand-Conseil avaient force de loi. Ces résolutions ne pouvaient pas être modifiées; le peuple devait les adopter ou les rejeter purement et simplement

Un Grand-Conseil était investi du droit de discuter les questions législatives et d'en préparer la solution. Il surveillait tous les fonctionnaires et pouvait les destituer, dans le cas d'une mauvaise gestion.

Le Conseil-Général était composé de quatre-vingt-neuf membres, savoir : quatre-vingts bourgeois, négociants ou marchands, trois docteurs en droit et les six chefs de métier de service semainier.

On ne pouvait cumuler deux emplois. Les membres du Grand-Conseil et les chefs de métier étaient seuls aptes à exercer une autre fonction publique en même temps.

Les chefs de métier qui avaient tant d'influence dans ce système de gouvernement étaient nommés, chaque année, par leurs corporations respectives.

Nous donnons ci-après les noms des fonctionnaires de la République, en l'année 1243, avec un aperçu des attributions qui leur étaient dévolues. Tous ces noms figurent dans l'acte par lequel l'évêque de Marseille fut prié de retirer la sentence d'excommunication qu'il avait lancée contre la Ville qui avait refusé, comme on sait, de reconnaître la souveraineté de Raymond-Bérenger (1).

Le Podestat. — Il devait être étranger au pays, pour ne pas être soumis, dans l'exercice de son autorité, à des influences locales et à des considérations de famille. La République lui faisait un traitement de 1,800 livres royales couronnées.

Le Podestat avait sous ses ordres un Viguier ou lieutenant et deux Syndics. Ces syndics qui prirent, un peu plus tard, le nom de *Consuls,* suivant les termes contenus dans la charte de leur institution, devaient être « *probi homines, providi et discreti ac legales cives civitatis vice comitalis Massilie, et habitantes in ea, non tamen, jurisperiti.* »

Le Podestat, à son avènement, prêtait serment au milieu des pompes les plus solennelles devant le Grand-Conseil et tous les chefs de métier réunis

---

(1) C'est avec intention que nous donnons ces noms tels que les actes nous les ont transmis et sans les franciser. Le lecteur reconnaîtra sans peine que la plupart d'entr'eux portent la désignation de la profession que les titulaires exerçaient. Il est évident, par exemple, que *Aubertus Annonarius* devrait se lire : *Aubert, marchand de blé, Guillelmus Miles : Guillaume le soldat, Petrus Sutor : Pierre Cordonnier; Isnardus Fusterius : Isnard Charpentier,* etc.

D'autres noms peuvent être considérés comme patronymiques. — Comment prouver, par exemple, que *Bertrandus Sabbaterius* ne doit pas être lu aussi bien *Bertrand Sabatier* que *Bertrand, Savetier ?*

dans une des salles de l'Hôtel-de-Ville, qui, dans plusieurs actes, est appelée Salle-Verte.

Là, une main sur l'Evangile, il jurait : 1· de respecter la liberté marseillaise et de ne gouverner que suivant les lois de la République ; 2· de se conformer à la volonté du Conseil et à celle du Peuple ; 3· de ne point divulguer les secrets de l'Etat ; 4· de ne point permettre que les hérétiques demeurassent à Marseille et dans son territoire ; 5· de n'ouvrir et de ne lire qu'en présence des syndics, des clavaires et des chefs de corporations en service semainier, les lettres et les dépêches qui lui seraient personnellement adressées, ainsi que celles qui seraient à l'adresse du Conseil ; 6· de ne rien écrire lui-même à qui que ce fût, touchant les affaires publiques, hors de la présence et sans la participation des mêmes membres des corps auxquels était délégué l'exercice de la puissance souveraine.

Le Podestat, entouré des syndics et des grands officiers, se plaçait ensuite sur le balcon de l'Hôtel-de-Ville. Les bannières inclinées saluaient le nouveau chef de la République qui renouvelait son serment, toujours la main sur le livre sacré. Quand il avait fini de parler, les bannières s'inclinaient encore ; alors le peuple faisait retentir l'air d'acclamations patriotiques, puis se répandait dans la Ville-Basse, ornée comme à son plus beau jour de fête, pour célébrer avec les vives démonstrations de la joie méridionale l'alliance heureuse du pouvoir et de la liberté.

Le Podestat avait seulement le droit d'accepter des chiens, des oiseaux de chasse et des objets bons à manger ou à boire de la valeur de cinq sous.

Il était tenu de demeurer dans la ville quinze jours encore après l'expiration de sa charge, pour rendre compte de sa conduite et répondre aux plaintes que les citoyens auraient pu porter contre lui, soit pour malversation, soit même pour dettes.

Ajoutons que le Podestat et tous les fonctionnaires publics, non-seulement, n'étaient nommés que pour un an, mais encore qu'ils n'étaient rééligibles qu'après une année d'intervalle.

Le Viguier : *Begus de Barreria.*
Le Viguier s'appelait anciennement Vicarius, et il

exerçait le pouvoir, au nom du Podestat, concurremment avec les deux syndics ou consuls qui étaient choisis parmi les habitants de la Ville-Basse.

On lui comptait annuellement, ainsi qu'aux syndics, 20 livres royales couronnées pour la nourriture et l'entretien obligé de son cheval de parade. Il ne pouvait, en principe, recevoir le plus petit présent; plus tard il fut autorisé à accepter des menus objets valant trois sous au plus.

2 Syndics ou consuls : *Raolinus d'Aquis*, et *Guillelmus Tortella*.

Voir ce que nous disons de leurs fonctions dans les deux paragraphes qui précèdent.

3 juges : *Petrus de Ovellano, Rostagnus Rebolus, Johannes Blanchus*.

Ils jugeaient publiquement et gratuitement les affaires civiles et criminelles.

3 Clavaires : *Petrus de Templo. Jacobus Martinus, Guillelmus Albinus*,

Ils étaient chargés de la perception des recettes.

2 Notaires de la commune : *Rostagnus Paynus, Bertrandus de Pabia*.

83 Conseillers de ville, dont 80 bourgeois, négociants ou marchands, et 3 docteurs en droit.

Ils étaient pris annuellement dans les six quartiers de la Cité et devaient remplir les conditions suivantes : Etre citoyen de la Ville Inférieure; y avoir un domicile réel et non interrompu depuis cinq ans au moins et posséder 30 marcs d'argent fin en biens immeubles. Lorsqu'ils manquaient aux réunions du Conseil sans excuse valable, ils étaient condamnés à une amende de deux sous. Ceux qui arrivaient en retard payaient une amende de douze deniers Ils étaient également passibles d'une amende quand ils dévoilaient les secrets d'une délibération.

Voici les noms des Conseillers de l'an 1243, dont les noms nous ont été conservés :

Guilelmus Mercerius. — Bertrandus Atulfus. — Raymundus Lombardus. — Hugo Sardus. — Aubertus Annonarius. — Poncius Banefacius. — Laurentius

Sardus — Guillelmus de Sancto-Hylario — Symeon Layhetus. — Guillelmus Aurioli. — Hugo Audouardus — Bertrandus Bruni Blanquerii. — Guillelmus Romagna. — Hugo Daniel. — Hugo de Portu. — Imbertus de Mura. — Guillelmus Pysanus. — Guicelmus de Mari. — Guillelmus Ancelmus Miles. — Petrus Bonum Vinum. — Bertrandus Bagnicrus. — Bernardus Gayraudus Jurisperitus. — Johannes Guigo Macellarius. — Johannes de Sancto-Jacobo. — Johannes Vassalus. — Guillelmus d'Acon de Blanquaria. — Gavidus Aicardus. — Bonavia Mantoa — Guillelmus Berardus. — Nicolaus Guicelmus. — Guillelmus Borio. — Guillelmus Boetus. — Johannes Guimbardus. — Petrus Porquerius. — Raimundus Pepairanus. — Guillelmus d'Alaugio. — Petrus Poncius Surleon.

100 Chefs de Métier.

Ils étaient élus toutes les années, du 24 au 30 juin, par les corporations. Nul ne pouvait être chef de métier s'il n'était marseillais de la Ville-Basse, s'il ne justifiait d'un domicile réel et non interrompu de trois années dans la cité inférieure, et s'il ne possédait une livre royale couronnée.

Les Chefs de Métier avaient la police des rues et des établissements publics; ils juraient de signaler au Podestat ou au Viguier ce qu'ils apprendraient devoir être préjudiciable aux droits et aux libertés de la Commune.

Ils concouraient, six par six et hebdomadairement, à l'administration des affaires, et pendant la durée de ces fonctions ils avaient le droit de siéger au Conseil avec voix délibérative.

Les noms suivants des chefs de métier, en exercice en 1243, nous sont seuls connus :

Guillelmus Dalbor. — Raimondus de Pabia, notarius. — Bremundus de Agnania. — Royerius Speciator. — Bernardus Francus. — Isnardus de Barjols. — Guillelmus de Spinosa. — Bernardus de Tarascone. — Petrus Audibertus. — Januarius, notarius. — Petrus de Ginacco. — Stephanus Baudoynus. — Stephanus de Fornis. — Raimundus Bartholomeus. — Guillelmus de Taradello. — Petrus Martinus. — Guillelmus Bruni. — Raymundus Petrus. — Poncius de Sancto-Petro. — Johannes Caput Regis. — Petrus Ebrardinus. — Guillelmus Ricardus.— Petrus d'Almo.— Johannes de Menzellis.— Symon Massolus.— Ispardus Fusterius. — Imbertus de Mura junior.— Bertrandus de Bacco. — Guillelmus Bernardi.— Raymondus Benedictus. — Guillelmus d'Alauzio.— Petrus Bernardus Fusterius.— Guiraudns Botterius —Raimundus Catalus.— Petrus Corbasacius.— Poncius. Raynoardus.— Guillelmus de Podio — Amicus Sirella.— Bertrandus Malcausatus.— Micahel Sabaterius.— Petrus Sutor. — Bonanatus Calafat. — Guillelmus Pairolerius.— Masselesuis Candelier.— Martinus Ferrator.— Bertrandus Sabbaterius.— Guillelmus Coraterius.

6 Prudhommes.
Ils avaient l'administration et la surveillance de l'état militaire et maritime de l'Université.
Leurs noms nous sont inconnus.

2 Gouverneurs des armes.
Ils avaient la surveillance de la salle d'armes qui était renfermée dans la Maison de Ville, et qui était gardée par un archer et un arbalétrier.
Leurs noms ne nous sont pas parvenus.

POSTFACE

Nous n'aurions pas cru, il faut l'avouer, que notre sujet de Cavalcade, après avoir été adopté à l'unanimité par ceux qui en avaient entendu le développement, serait critiqué ou raillé par le plus grand nombre des journaux de Marseille.

Nous nous serions encore moins attendu à voir ce projet dégénérer en attaques d'un goût douteux contre un des personnages politiques du département que nous tenons pour un des hommes les plus remarquables de notre ville (1).

Quelques journaux se sont contentés de rire (Voir le *Bavard*, nos 66 et 68 et le *Tron de l'Er*, n° 10) : d'autres ont visé M. Labadié (Voir le *Citoyen*, n° 1966 et la *Vedette*, n° 5); un cinquième (Voir le *Petit Marseillais*, n° 3223) a critiqué aigrement le sujet, peut-être parce qu'il venait de nous ; un sixième (Voir le *Sémaphore*, n° 15058) a inséré un article que son auteur nomme *Une page d'histoire*.

Nous nous occuperons seulement du *Sémaphore*, non parce que c'est un journal sérieux, mais parce que c'est M. Louis Blancard qui a signé l'article qu'il renferme.

En sa qualité de correspondant de l'Institut, M. Louis Blancard ne peut avancer légèrement une assertion historique locale.

Il dit que les Marseillais, en 1243, capitulèrent devant Raymond-Bérenger.

Nous prétendons le contraire.

M. Blancard dit que ce n'est pas Raymond-Béren-

---

(1) M. Labadié, député des Bouches-du-Rhône.

ger IV dont il est question dans tout ceci, mais bien de Bérenger V.

Nous maintenons le nom de Bérenger IV.

La paix de 1243 ne fut pas du tout une capitulation ; ce fut une transaction qui devait mettre un terme à une guerre qui ne faisait pas plus les affaires du Comte de Provence que celles des Marseillais.

Or, qui dit transaction dit arrangement ou abandon réciproque de droits ou d'exigences.

Les Marseillais cédèrent sur les deux points que cite M. Blancard, mais Bérenger céda de son côté tout ce que les Marseillais demandèrent à l'avantage de leur commerce et de leur navigation.

M. Blancard ne nous apprend rien à ce sujet, puisque nous avons en main l'acte tout entier de 1243. En sa qualité d'archiviste, M. Blancard aurait dû même profiter de l'occasion pour le publier.

Les Marseillais ne furent réellement battus et obligés de capituler qu'en 1257, lorsque le féroce Charles d'Anjou se rendit maître de toute la Provence.

Mais nous ne sommes encore qu'en 1243.

Quant à Raymond-Bérenger et aux chiffres de la série qu'on leur donne, nous n'admettons pas que M. Blancard, à propos d'un fait isolé, vienne les bouleverser.

Que dirait-on d'un auteur quelconque, qui ayant trouvé le moyen d'intercaler un Louis inconnu dans la série des Louis, rois de France, viendrait attribuer à Louis XIV des faits accomplis par Louis XIII, ou à Louis XV des batailles gagnées par Louis XIV ?

On rirait de lui.

Resterait à vider la question des *personnalités*.

M. Blancard, comme l'un des rois que nous venons de nommer, n'aime pas qu'on fasse passer le moindre nuage devant le soleil de sa gloire. Lorsqu'un auteur local ne s'incline pas devant sa splendeur, il darde ses rayons et s'efforce de lui donner une insolation.

Nous n'admettons pas cette puissance chez M. Blancard.

M. Blancard avait le droit de raconter l'histoire de Raolin et de Bérenger à sa façon; mais lorsqu'il mêle du fiel à son encre, il doit s'attendre à ce qu'à la leur les autres ajoutent du vinaigre.

A tort ou à raison M. Blancard nous fait un crime de ne pas savoir *lire* les chartes et de ne pas avoir *le temps* d'aller les consulter.

Nous lui répondrons que lui qui a *le temps de les lire* n'est pas excusable d'utiliser si mal ses loisirs et son savoir et de travailler si peu..... à l'instruction des autres.

Il devrait encourager par son exemple, ceux qui travaillent, quoiqu'ils n'aient ni *temps ni savoir* et non les rebuter mal à propos.

M. Blancard est peut-être un élève distingué de l'école des chartes, mais il est aussi naturel d'entendre un archiviste lire une charte avec facilité, que de voir un élève de Saint-Cyr manier le chassepot avec adresse, ou un volontaire de l'école de Saumur monter son cheval avec grâce.

Bref, ce qu'on est en droit de demander poliment à M. Blancard, c'est de terminer les ouvrages qu'il commence, et de ne les commencer, dans tous les cas, que lorsqu'il se sentira en état de les achever, d'autant mieux qu'*il en a le temps*.

Au résumé, dans toute cette question de Raolin et de paix, nous sommes avec l'éminent historien Ruffi, qui jusqu'à ce jour fait autorité.

M. Blancard peut continuer à s'appuyer sur Boudin qui seul prétend que les Marseillais capitulèrent.

20 Mars 1877.

2

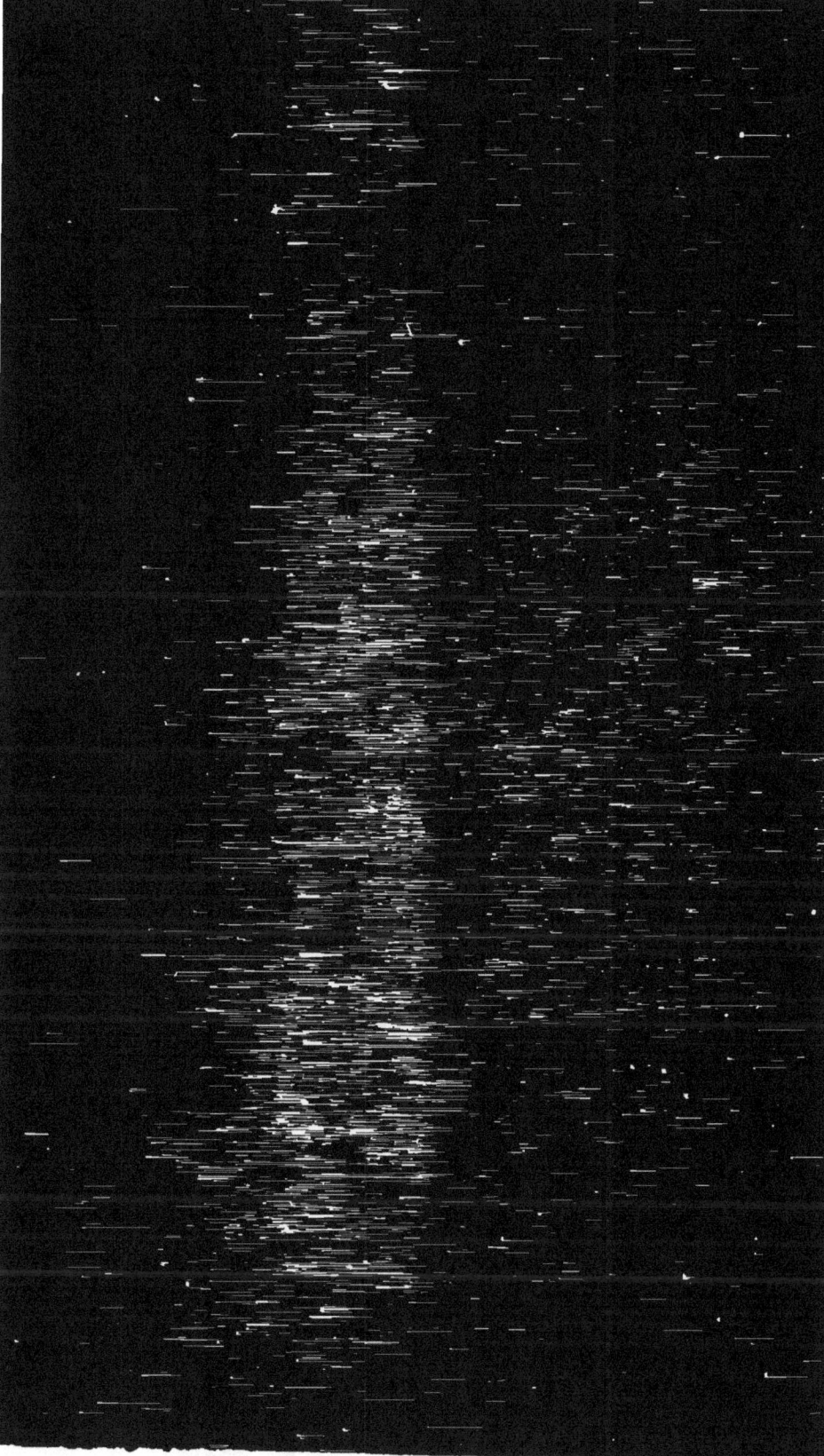

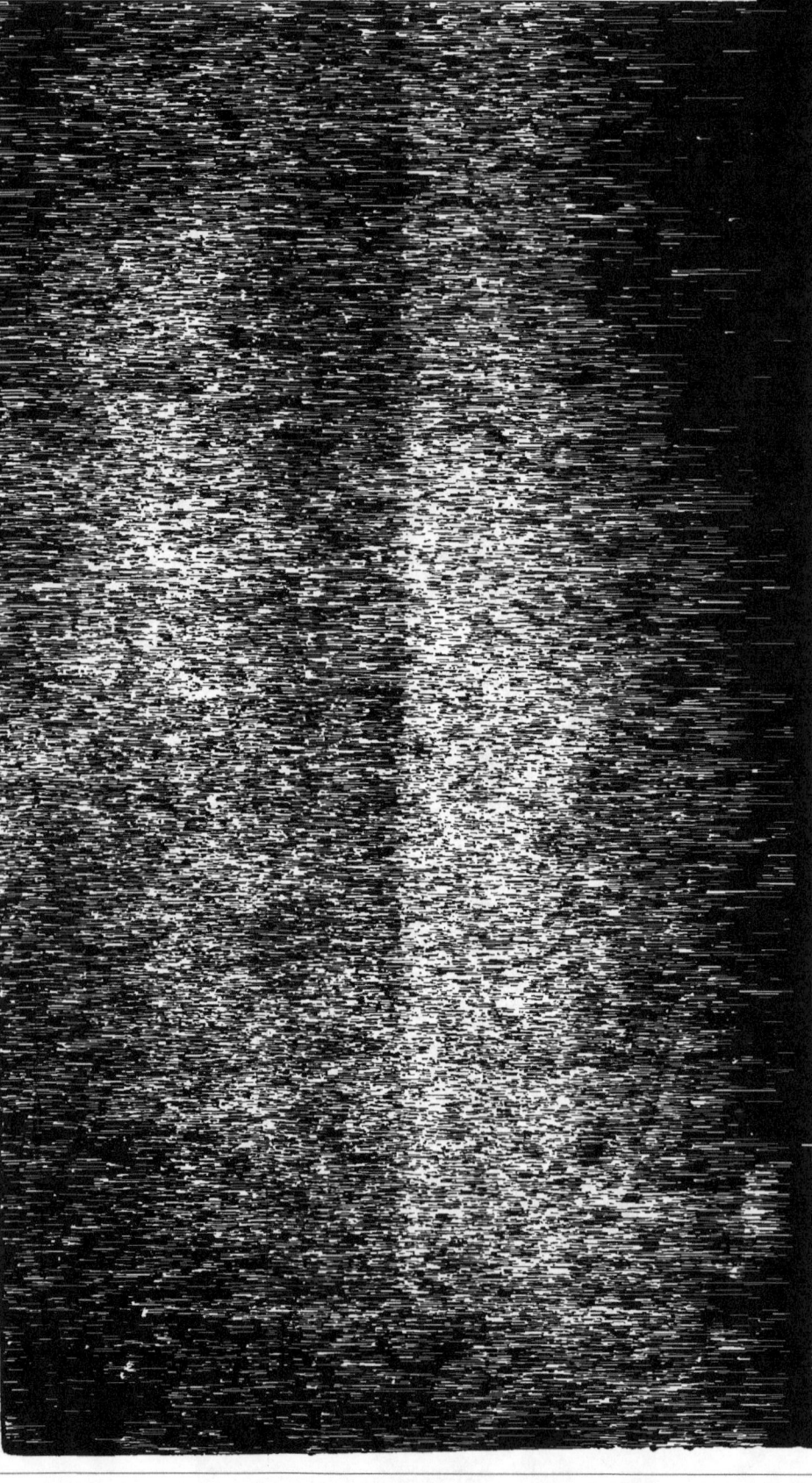

www.ingramcontent.com/pod-product-compliance
Lightning Source LLC
Chambersburg PA
CBHW060506050426
42451CB00009B/852